슬픈 거짓말을 만난 적이 있다

진란 시집

시인동네 시인선 178   진란 시집

슬픈 거짓말을 만난 적이 있다

시인동네

시인의 말

눈을 뜨면
가끔 내가 잠들었던 곳이 아닌
사막에서 닳아버린 불온한 여우를 만난다.

항상 바다로 가고 싶었는데
누가 밤마다 나를 그 고비에 세워둔다.

핏발선 눈살이 뜨겁다.
순백의 눈빛이 매섭다.
붉은 꼬리가 일그러진다.

슬그머니 발을 빼야겠다.

2022년 6월
진란

차례

시인의 말

제1부

골목 · 13

그들만의 요란법석 · 14

쓸쓸해서 하는 짓 · 16

그럼에도 불구하고 · 18

대책 없는 사월, 크리스 가르노처럼 · 20

몇 겹의 숲에서 들은 이야기 · 21

꽃에 대한 예의 · 22

끊임없이 잠은 내리고 · 24

슬픈 거짓말을 만난 적이 있다 · 26

시월이라고 쓰고 나면 · 27

너를 사랑하는 방법이 그것뿐이었으니 · 28

봄눈이 가렵다 · 30

마음 모종 · 32

쑥부쟁이 꽃밭에 앉아 · 33

변절에 대하여 · 34

반달 · 36

제2부

숨 · 39

접는다는 것 · 40

새의 의미 · 42

나비 효과는 없다 · 44

환장 블루스 · 46

새벽에 문득 일어나 · 48

소설의 밤 · 50

폭설 · 52

플립 러닝 · 53

지상에서의 하루 · 54

비문 · 56

소설을 지나며 · 58

여전히 커다란 귀가 잎사귀처럼 움찔거려요 · 60

이별보다 더 먼 곳에 서서 · 62

흔한 이별 · 64

제3부

해찰하기 · 67

안녕, 주르륵 랩소디 · 68

긴가민가할 때 · 70

꽃밥 같은 무렵 · 72

개망초 · 74

거짓말처럼 행복한 · 75

노랑나비를 만나서 · 76

생의 한가운데 핀 꽃 · 78

낌새 · 80

산벚꽃에게 묻다 · 82

다시 쓰는 개망초 · 84

물 떼를 만나다 · 86

어머니와 빨랫줄 · 88

눈물 좀 주세요 · 90

나는 아직 뜨거워지고 있는 중이다 · 92

제4부

그 한때의 말 · 95

오리나무 숲에 서서 · 96

귀신고래를 만나다 · 98

우기, 자하문에서 · 100

우주 미아 · 101

두근두근 꽃 · 102

만첩홍매 화엄경 · 104

Photograph · 106

할미꽃 · 107

민힝재에시 · 108

접는 달 · 110

분홍의 소음과 문장뿐인 · 111

오래전 불러보던 사소한 습관으로 · 112

다시 채석강에서 · 114

바깥에서는 울음도 눈이 부셔요 · 116

해설 불멸을 향한 악착같은 사랑의 노래 · 117
　　　우대식(시인)

제1부

골목

눈 깊어진 당신이
귀 얇아진 당신이

지난 시간의 흔적을 밟아온 휘파람 소리는
은회색의 저녁, 긴 꼬리를 끌어당긴다
사람꽃 져버린 자리,
온기 없는 골목이 슬그머니 미끄러진다

서쪽으로 밀린 구름들도 작당했는지
물끄러미, 서슬이 붉다

나 없이도
여전히 아름다운 세상이다

그들만의 요란법석

어느 순간,
세상의 모든 애인에게 한꺼번에 전화를 거는 사람
달이 떴다고 전화를 걸고
눈이 온다고 문자를 보내고
비가 온다고 온통 쓸쓸해하는
모든 세상의 길은 애인들의 전화선이다
한때, 서로에게 환한 등이었을 수다스러운 행각도
한때, 오직 한곳만을 응시했을 뜨겁던 시선도
바람이 불고
풍경이 흐려지고
사람도 낡아지는데
보이지 않는 선을 걸어가는 모퉁이쯤에서는
어젯밤 쓸쓸한 가슴에 품었다 걸어놓은 너의 눈썹달이었고
새벽에 홀로 서 반대편의 반쪽을 생각하다 미처 지우지 못한 낮달이었고
다시는 붙일 수 없는 사금파리처럼 깨어진 조각달이었고
그대는 세상의 모든 전화벨이 한꺼번에 쏟아지라고
길을 열어놓은 사람, 부재중이었을 수도 있었을,

거절했을 수도 있었을,
스팸으로 등록되었을 수도 있었을,

여전히 바람은 불고
달이 뜨고
벨은 울린다

쓸쓸해서 하는 짓

네가 만일 오밤중에 음악을 권하고 피워 올릴 때
누군가 가만히 서랍을 열고
옛 사진들을 한 장씩 들여다보고 있다면
분명한 것은 아직은 멀쩡하다는 거야
네가 만일 푸른 숲으로 뛰어들었을 때
누군가 슬며시 렌즈를 당겨서
오후 다섯 시의 길어진 그림자들 뒤로 깔리는
황철나무 잎사귀들의 부스럭거리는 소리를 잡는다면
먼 곳의 바람들이 부르카를 뒤집어쓰고
기도를 훼방하는 미친 짓이었을지도 몰라
영원을 바라 아주 멀리 나르고 싶은 간절하고 쓸모없는
구름의 눈물과 반성이었을 거야
오래전 너에게 읽히지 못한 편지와 열망이
촛불에 온몸을 불사른 나방의 곁으로
어쩌다 무심히 떨어지는 촛농 한 방울이었을 거야
억지로 너를 흔들어 댓잎 떨어뜨린 후에
책갈피를 세차게 닫아버린 짓, 같은 그런 사랑
찬바람이 저미는 징검다리를 건너온 후에는 잊어버린,

그러고도 그 자리에 칠흑처럼 되돌아오는 그런 짓
슬며시 한숨을 내쉬는 건 미친 짓이라고
아직도 덜컹거리는 서랍 속의 생쥐 같은 그런 것

그럼에도 불구하고

꽃들의 구역에서
가장 생생한 아픔은
너와 내 뿌리가 맞닿은 것을 볼 수 없다는 것
서로 얽히고설켜도
둘의 뿌리를 섞을 수 없다는 것이다
너와 내가 꽃으로 피어 마주 보는 시선이
뜻하지 않은 바람에 흔들리는 것이다
너의 향기도 너의 속삭임도 바람에 흩어져 버리는 것이다

그럼에도
더 많이 쳐다보고
더 많이 듣고
더 많이 침묵하고
더 많이 주고 싶어지는 마음
세상에 함께하는 시간에 우리는 살고
살아 있고
살아 있을 수 있다는 것을

아무도 볼 수 없는 곳에서
뿌리와 뿌리를 맞대고 연리지가 되기까지
자유를 향하여 달려가는 네 도주의 흔적을 따라
나는 또 피어나고 피어나고
피어나고

톡 톡 톡 떨어지는 낙화는
문득 네 꿈속에서 또 다른 뿌리를 내리고

대책 없는 사월, 크리스 가르노처럼

 대책도 없이 은밀한, 두근두근 꽃피는 이 순간마다 그 숲은 그리운 사람들을 돌아보는 즐거운 술래가 됩니다. 그대 언질도 없이 줄을 선 하루치의 천년 같은 일들은 벅차고 기진하여 순간에 다 놓칠 것 같습니다. 그 숲에서 기별이 왔습니다. 어느 날 묘연해졌던 손짓이었어요. 좋아서 무턱대고 다 끄덕였습니다. 그대라는 말은 위와 아래의 무게와 균형과 비례가 딱 맞았는데도 내 허리는 가뭇없이 기우뚱 기울었어요. 아무도 불러주지 않던 어떤 날처럼 숨이 가빠졌던 우울한 봄날처럼 그랬습니다. 그 숲에서는 연초록으로 내미는 아가의 혓바닥 같은 귀룽나무 잎들이 우우 아아 소리 없는 환호를 흔들었습니다. 그날 그만 아득하여 눈이 희붐해졌습니다. 질식할 것만 같은, 그 숲에 사월이 왔습니다. 그리운 그이들도 그 숲에서는 불쑥불쑥 환해져 버렸습니다. 이제 그만 이 페이지를 덮겠습니다. 지금 바로 당신을 한 잔 마시고 잠을 모실 시간입니다. 내가 있어서 당신의 꿈에도 살구꽃 환히 자라길 빕니다. 안녕, 살구꽃!

 음, 크리스 가르노의 꽃잎 같은 사월 한 날

몇 겹의 숲에서 들은 이야기

 오래전 숲을 밀고 들어갔을 때 붉은 숲을 북북 찢으며 직박구리가 날아올랐다 나무와 나무들이 지상의 과제를 수행하며 다른 곳으로 날아가려는 몸짓 가벼울 때였다 몇 겹의 오류를 벗어던지던 고양이 울음이 가늘어질 그때 청시닥나무와 복자기가 서로를 깊이 껴안았다는 것이다 검은 외투를 입은 고양이는 슬쩍 몸을 날려 오수의 햇볕과 울타리 아래 얼룩말 무늬로 숨고 수묵화처럼 번지는 첩첩 그림자 나무 사이로 모든 풍경을 엿보는 불온한 눈초리는 흘깃거리고 온갖 것을 들여다보는 폐회로 텔레비전의 빈틈없는 시선을 끌어 모으던 뜨거운 체위였다는 것이다 그럴 수도 있지 참 좋은 때다 하면서 갸악히던 그런 날이었다는 것이다 놀란 새가슴 깃털 흘리는 소리조차도 몇몇의 나무들은 겹겹이 둘러싸고 숨겨주었다는 오랜 숲의 곰실곰실한 미스터리였다는 것이다 살아 한번쯤은 몇 겹의 숲에 화양연화 한 편 비밀스럽게 묻어야 할 때가 있다는 것이다

 뎅그렁거리던 바람에게 들은 말이다

꽃에 대한 예의

꼬부라진 서정의 꽃잎이라는 말*
첫눈 같은 남편을 내어주고
옴팡눈 부릅뜨고 자리만 보존하던 여자
애간장 뭉그러지는 용서라는 말
뿌리의 기억을 놓고 마음 비우라는 말
끝내 놓지 못해 홀로 산화되어가는
뼈마디 비비 꼬이고 마른,
저,
벽에 걸려 버석거리는 드라이플라워
비닐로 코팅되어 잘 눌려진 꽃잎
투박한 질그릇에 동동 뜬 꽃잎
시퍼렇게 곰삭아 풍겨 나오던 냄새
감출 수가 없다
한때는 싱그러운 아로마였으리
한때는 웰빙의 꽃밥이었으리
한때는 황실 욕조에 띄워진 사치였으리
그날들의 꽃다운 이름을 거두어
햇빛 따스한 후생에 더 좋은 것으로 오라고

수미산 소나무 아래
너를 묻는다, 꽃아

---

*강인한 시인의 시, 「꽃잎, 저 꽃잎들」에서 차용.

끊임없이 잠은 내리고

끝없이 무슨 말을 하고 싶은 것이었는지
나에게 묻는 저 집요한 웅성거림,
우박 알처럼 굵어진 빗방울들이 야멸차게 다툰다
사월의 상흔은 아물어 본 적 없어
몇 해를 건너왔는지 건너뛰었는지
그런 세월이 그 바다에도 죽죽 내린다
가끔 명쾌해질 때가 있었는데
더듬어보면 곰팡이꽃 핀 자리
그것도 꽃자리라고 우겨보자면
이제 공포와 두려움을 잊은 너와
아직도 아픔을 버리지 못하는 나와
아주 가끔 너를 잊고 있을 때
이럴 수는 없는 거라고
너에게 가곤 했는데, 바람에 씻겼을까
지금은 어쩌다 네 생각이 나도 아프지 않아
어느 구석에서는 큼큼한 냄새가 일어나기도 해
너를 저만치 잊고 산다는 일이
정말 생소해져서 무슨 말을 할까

폭염에 버석버석 마른 버짐나무 넓은 잎사귀를
타고 내리는 빗물에 말문이 막혀
세월이 약이라는 말
기막힌 명약이라고 오늘은
쨍한 햇살에 나를 널어놓고 싶은데
빗물을 타고 끊임없이 잠은 내리고
끝내 부치지 못한 편지처럼 잠은 내리고

슬픈 거짓말을 만난 적이 있다

하루 종일 하늘이 무거웠다
먹구름이 잔뜩 물을 들이켰는지
한낮도 한밤중 같았다
바람이 세차게 불기 시작하고
창문을 마구 흔들어 덜그럭거렸다
문이란 문을 죄다 닫아걸었더니
틈을 찾는 바람의 울음이 휘잉 휘이잉
그 안에 내가 있는 것을 안다고
불온한 목소리로 흔들어댔다
들판에 배곯은 승냥이 울음 같은
사랑이 두려웠다
이름을 불러가며 빙빙 도는데
나는 여기 없는 척 숨을 죽이고
악착같은 네 사랑을 믿지 않았다

시월이라고 쓰고 나면

칠흑 같은 오밤중이었어요
창밖에 바람이 바람을 몰고
지금은 깨어있으라고 창을 두들겼지요
레떼로 가려고 암팡지게 걸어왔는데
유리창에 시월이라고 쓰고 나면
메마른 유령이 복기되곤 했지요
한때 바깥의 바람을 뭉개기 위해
내 안의 바람을 불러 깨운 것처럼
울음을 감추기 위해 술을 마시면
술에 잠겨 있던 슬픔이 와르르 쏟아졌어요
울음은 나만의 것이 아니었어요
술은 판도라의 상자였어요
한 잔에 한 뼘씩 자라나는 독설들
그런 시월을 사랑한 건 오래전 일이어요
오래전에 다 사랑해 버렸던 일들이
오늘이나 내일쯤 시월을 다 쓰고 나면
눈 시리게 마주 보던 11월의 나목들이
왼쪽부터 팽팽하게 당겨올 거예요

너를 사랑하는 방법이 그것뿐이었으니

어쩌랴 자작이여
우주에 뿌리를 펼치고
뿌리의 날개들이 우주의 기운을 물고 와
땅에, 이 지구에 젖을 물리는 것인데
바람의 잦은 잔소리 잎을 치대고
황금 이파리 다 떨어진 공염불인가
은빛 나뭇가지들 아무것도 없고
아무것도 남은 게 없고
늦가을 빈 숲에 들면 눈부신 허공에
젖 빠는 소리 바스락바스락
어쩌랴 자작이여
창공에 닿은 저 높은 뿌리 힘껏
더 높은 신의 정기 끌어당겨
자장자장 겨우내 꿈꾸는 자작나무 숲
우듬지 숨 쉬는 자작나무 숲 거기,
나 홀로 조용히,
잠잠히 너를 사랑하고

상심은 멀고
기쁨은 꿈속에 있으니

봄눈이 가렵다

그대라는 꽃잎
기다리고 기다려도 오지 않더니
어색하던 첫 만남처럼
쑥스러운, 무성한 그대의 안부가 훌훌 날아온다
뭉텅뭉텅 어디에 숨겨두었던 말인지
손을 내밀면 금세 눈물로 글썽이는 솜눈이
하염없을 것처럼 내려오고 또 내려오고
닿자마자 사라지면서도 무심코 던지던 말처럼
내 어깨를 툭 툭 건들고 가는구나
꽃잎 같은 그대
그날의 자작나무 숲으로 가는 길
간신히, 손 내밀어 잡지 못하던 고요를 뭉치며
주머니 속의 손난로만 만지작거렸었지
두 마리 짐승만 남아 서로의 어깨를 물어뜯으며
여우 구름 피어오르는 골짜기에 묻히고 싶다던
그 생각이 차갑게 뺨을 때린다
잊혔다고 접어버린 마음 위에 봄눈 흩날린다
산벚꽃 질 때처럼 글썽이는 입술

더 이상 만질 수 없는 눈 시린 그대
불투명했던 겨울을 보내는 마지막 인사는
가볍고
차갑고
쓸모없는 잔정처럼 무책임한 봄눈 같았다고
봄눈 날린다

마음 모종

갔다, 그는 왔다가 금세 가버린다
묻고 싶은 말이 많아 전화기를 들었다 놨다
눈앞에 서면 속내 드러날까 눈길도 피하는데
왜 또 무슨 상상을 하길래 그러냐고
오히려 핀잔을 튕기는구나
새로 옮긴 그곳에서 뿌리를 내리느라
나름 애간장 졸이며 사는 것이더냐고
바람만 건듯 불어도 밤새 뜬눈으로 지새우는 걸
네게로 가는 신호음은 부재중이고
잔뜩 부은 눈두덩에 실핏줄 선 마음을 넌
그래, 너도 더 살아보아라 꼭
요담에 너만큼만 길러 보아라
봄바람에 가방도 잃고 술에 쓰러져 잤다는 말
네가 간, 그림자 뒤에 오금오금 파고드는 진자리
속곳까지 젖어버리는 빗물에 봄은 피어나겠지
환한 햇살에 마른자리 버석거리는 실어의 흙 두엄,
그 봄빛 속에 오고 싶으면 왔다가 가버리는
짤막한 해후, 그 막연한

쑥부쟁이 꽃밭에 앉아

어느 결에 사라진 쇄골 생각에
이제 다시는 그대와 숨 가쁜 연애도 못하겠다고
주름진 눈가 하얀 소금강을 그려놓고
여자는 늘 쇄골 생각, 그대는 쇄골 아래 숨골 생각
오늘은 어쩌자고 꽃을 바라보다가 쇄골 생각이네
촉촉한 살결이, 만지면 부서질 것 같은 저 꽃잎
한때 보드라운 입술에 밀봉도 많았었다고
꽃등에가, 꿀벌이 왱왱거리는 한낮, 어쩌자고 나는
꽃의 쇄골 생각에 빠져 귀울림 낭자하던 그 한낮의 정사
홀로 낯 붉어지며 쑥부쟁이 쓰러진 꽃밭에 숨어
사라진 쇄골 생가, 골똘해지네

변절에 대하여

안개가 녹는 동안
나는 침대 밖으로 흘러내리지 않았으면 해요
안대를 걸고 쉬고 싶어요
따스한 햇살 한 바구니와
뺨을 어루만져줄 향기로운 바람 한 줌
붉은 당신을 침대에 수북하게 부려놓고
꽃으로 올 전생의 인연도 무릎에 눕히고
푸른 시계가 아지랑이로 까불거리는 걸
오래오래 들여다보고 싶거든요
행여 당신, 본 듯 안 본 듯 건성을 입는 사이
노르웨이의 숲처럼 가고 없었나요
건방도 안 되고 콧노래도 사라진,
엄살과 통속이 피었다가 툭 떨어지는
저문 달의 그림자만 따끔했겠어요
구겨진 웃음 흘러내리는 골목 끄트머리로
흘러가다 보면 길이 나고 길이 들겠지요?
그렇게 봄을 베낄까요?

의자가 필요해요
조금은 흔들리고 싶어졌거든요
내일부터 봄을 잊을까요?

반달

기울지도 않고 흐리지도 않은
분명한 반달이 오래오래 시이소 굴렸다

외로움도 흔들면 가벼워진다고
힘껏! 힘껏! 반동을 했다

비로소
외로움의 힘으로 동쪽에 닿았다

달마는 보이지 않았다

노란 웃음, 절반의 눈물
환한 적막을 굴렸다

제2부

숨

 미운 사람 없기, 지나치게 그리운 것도 없기, 너무 오래 서운해 하지 말기, 내 잣대로 타인을 재지 말기, 흑백논리로 선을 그어놓지 말기, 게으름 피지 말고 걷기, 사람에 대하여 넘치지 말기, 내 것이 아닌 걸 바라지 말기, 얼굴에 감정 색깔 올려놓지 말기, 미움의 가시랭이 뽑아서 부쉬버리기, 그냥 예뻐하고 좋아해주고 사랑하기, 한없이 착하고 순해지기

 바람과 햇볕이 좋은 날 자주 걸을 것
 마른 꽃에 슬어 논 햇살의 냄새를 맡을 것
 그립다고 혼자 돌아서 울지는 말 것
 십숭한 바람 일렁일 때 누군가에게 풍경 하나 보내줄 것
 잘 있다고 카톡 몇 줄 보낼 것
 늦은 비에 홀로 젖지 말 것
 적막의 깃을 세우고 오래 걸을 것

접는다는 것

언제부터였을까
색종이를 접듯 즉흥적인 생각을 절반씩 접었다
누군가가 불현듯 전(錢)이 필요하다고 할 때
모서리에 접혀 있던 연민을 활짝 펴서 파랑새를 날렸다
어디선가 책 만드는 일이 벅차다고 할 때
꼬깃꼬깃 접어둔 고쟁이의 이파리 같은 것을
아낌없이 자주 날려 보냈다
언젠가는 그랬다 왼쪽 심장에 고이 접어둔
뭉클한 것들이 사랑의 절대인 줄 알고
밤새 홈질하고 잘 감쳐서 회오리바람 같은 것에 입혔다
헌옷에 바느질하고 그 바람 끝자락을 잡고 날아오른 일
날아오른 후에는 그가 잘 보였다
끝자락을 잡고 허둥대는 나를 보지 않고
파편은 늘 다른 동무들과 허허실실 소풍을 다녔다
물 위에 떠 있는 오리처럼 밤낮으로 심장 속에서
자맥질하는 파편들을 반으로 접고 또 접고 또 접고
내 전생의 업보를 다 갚은 모양이라고
생각이라는 것을 접고 접어서 새를 날려 보냈다

허공에 잡혀서 보니 눈물 나는 세상에는
잡히지 않는 바람의 구두들일 뿐이어서
언제나 엇박자로 서걱거렸다
그 후로는 절뚝거리는 걸음들이 안쓰러워서
늘 모서리에 앉았다
빛나는 것들이 다 보석은 아닌데
원석의 거친 면을 잘 다듬으면 빛나는 보석이 될 것이라는
헛된 욕심도 그만, 다 타버린 잿더미는
미풍에도 흔적 없이 사라질 수 있다는 걸
모서리에 앉아 접고 반을 접고 또 접고
휘파람을 불었다

새의 의미

 끝내 대답하지 않는다 푸름으로 눈물을 버무려 촛농처럼 떨어져 내리던 밤새 상념들도 해답이 없다 길을 내지 않는다 그것으로 다다 없는 하늘에서 이젠 의미 없이 울지 않는 새 거기 있다고 한들 누가 볼 수 있을까 굳어지고 굳어져 가는 태고의 화석으로나 남아 있을 짐작으로나 아는 역사가 길이 되어줄까 땀과 눈물로 범벅을 만들어 한 생을 열었다 하자

 하늘 역이 있어 간이역처럼 정차했다 하자

 몸을 벗은 허물은 무간으로 떨어지고 영혼은 어딘가로 길을 떠난다 하자 희희낙락하던 그 많은 날들이 태고의 이끼처럼 파랗게 남아 증거가 된다 하자 애비거나 에미거나 그 어느 조상의 허리에서부터 육신의 혈맥을 타고 나르던 새의 의미를 비상구에서 내려다본다 하자 여행자는 단지 떠나는 홀가분함으로 날아가고 남는 자는 무성한 눈물로 그의 길을 덮어놓을 뿐인 걸

 훌훌 녹아내리던 몸은

거기 그렇게 남아

이끼가 되고 풀이 되고 나무가 되고 의미 없이 웃는 새가 날아와 노래를 하고

나비 효과는 없다

오늘 난, 나비와 접신을 하고 광장으로 간다
구겨진 춤과 음표를 끌고 광장으로 간다
꽃도 풀도 나무도 죽어버린 곳에서 너훌너훌
완고한 차벽이 겹겹이 쌓인 틈과 사이를 흘러서 간다
푸른 낙타의 발자국
붉은 달의 발자국
은빛 사막여우의 발자국
노랑나비 떼의 발자국
지구별 여행자의 땀에 밴 배후가 지워지기 전에
때늦은 꽃샘이 심술을 부리기 전에
까닭 없는 오아시스, 너희의 신기루가 아니길
환한 햇살의 금가루로 날리는 사월의 소풍과 가라앉은 세월
물대포에 날아가는 맨발의 어미들
등 푸른 목어가 되어 문 열라고 문을 열라고
제발 문을 열고 이야기 좀 하자고 제 속 두드리는 아비들
금요일엔 돌아오겠습니다 그런 금요일이 수백 번
기억하겠습니다 그런 날이 삼백육십오일
그네의 차도르에 앉은 가벼운 비명들이다

광장의 모서리에서 아무라도 끌어안고 싶은 실오라기
그 대오에 캡사이신이 뿌려진다
노랑나비 떼들의 함성과
희어진 날갯짓이 벽 안에서 절명한다

그만큼의 거리에서 나는 나비, 그래 방관자
그냥 본다, 밭은 눈물의 소금 기둥을

환장 블루스

지금 우리 바깥에서는 사회주의가 만발했다
열꽃 핀다고 여기저기 소리 지르는데
달도 피었다 이운다고 꽁알거리는데
우환인지 우한인지 들려 올라간 생존게임은
오대양을 몇 바퀴나 돌고 도는지
코비드19라고, 코로나19라고
그게 시빗거리일 리도 없는데
백일잡이 시루떡이라도 해야 하나
붉은 꽃봉오리 헛밥으로 비벼대야 하나
바이러스 앞에서는 전사도 속수무책인데
새 세상을 꿈꾼다는 이들은 이승을 사바사바
침 튀기며 새 하늘 새 땅을 제 몸으로 부활한다고
무릎 맞대고 분신사바 하나
꽃길 만길 나가보지도 못하고
엘리베이터에서도 서로 사각의 구석에 앵돌아서
복면을 쓰고 체온조차 묻어올까 저어하며
너를 사랑하기에 사회적 거리를 두나
나를 더 사랑하기에 사회적 거리 두기를 하나

숨통이 막혀, 열린 공간에서는 괜찮다고
우리는 이러했거든, 우리는 저러했거든
말도 많고 탈도 많은 사회적 거리 두기
언제부터 우리가 사회주의자였지?
바벨탑에 사는 이들만 물신주의라네
제 가고 싶은 온갖 데 다 가고
몰랐다는 물신의 말을 맹신해야 하나
코로 나오고 들어가는 오만 가지 역신아
벚꽃 핀다고 달밤에 처용무를 춘단 말이냐
본디 내 것이었다만 빼앗긴 자유를 어찌하라고[*]

---

*처용가에서 차용함.

새벽에 문득 일어나
—어떤 출판기념회

어떤 복서를 읽다가 기가 막힌 단편이 떠올랐다
그날은 마침 중복이었고 우리들의 추억도 중첩되었다
헌스티를 빌려 아홉 명의 복서가 모였다
선수는 정해져 있었지만
정작 링에 오른 건 제비꽃과 부들이었다
계절에 어울리지 않는 조합이라는 것은 알았지만
이미 승부욕이 무르익은 판은 종이 울리기 전부터
제비꽃과 부들의 눈두덩이 왜 부었나가 화제였다
시간차를 두고 출입하는 불륜의 예시들이 쏟아졌다
구구절절 훈수를 두던 구절초와
궁상각치우에 운을 맞추고 싶었던 개쑥부쟁이와
화제가 샛길로 샐 때마다 정곡으로 반드시 돌아오던
개미취가 박수를 치며 눈물 나게 웃어댔고
무궁화와 수국은 선수들이 금을 벗어났는지
금을 밟았는지 윤리의 자를 촘촘하게 들이댔다
아무의 일이라도 좋았을 금단의 영역을 치고 들어가
부들과 제비꽃의 연애가 정설이 될 무렵
세속에 내려오지 못한 붉은 동백도 수위를 넘나들 무렵

담배꽃인지 강아지풀인지 모를 교정위원이
담 모퉁이로 부들과 제비꽃을 불러내어 도넛을 만드는 동안
꽃밭에는 슬금슬금 거미줄이 엉기고
폭염을 핑계로 뒤풀이도 마다하고 헤어졌다는데
아무가 이긴 것인지 진짜 복서는 누구였는지
그 아무는 알고 있을까 싶으니 한밤에 웃음이 나는 것이다
누군가가 무릎을 꿇을 때까지 싸워야 했지만
이미 이길 수 없는 싸움이었는지
승자도 패자도 없이 내려와야 하는 링의 복서는
한숨을 내려놓았을 것이다

소설의 밤

바람도 쉬어가는 골목의 중간쯤
북악산 느티나무, 떡갈나무들이 갸르릉거리며
바람의 유희에 떼창으로 몰려왔다
이웃 정원에 있지도 않은 빨강 단풍잎도 섞여서
오가는 이들이 흘리고 간, 쓸모없이 버려진 것들도
맴돌아서 이곳에 와, 멈추었다
누가 빌라의 현관문과 내통하는지
밤새 어떤 손이 쓸어 모아두는지
낮고 얕은 틈으로 어찌 들어와 있다
상서로운 기운이 와서 이렇게 멎는 곳이라면
나중에는 더 부귀해져서 평안할 것 같다고
그래서 떠나지 못하고 살아온 지 십오륙 년
바람의 루머들이 맴도는 곳
생기가 웅숭깊은 곳
오래전에는 한지로 꽁꽁 싸매
실로 묶은 날 선 칼을, 정체불명의 불온을
누군가 남몰래 두고 갔다
금은의 처소에 두고 간 것이

무속의 부적이라 해서 섬뜩하였다
내내 별일 있으랴 두근거리기도 했다
오히려 액땜한 것이라고 위안하며
은밀하게 풀어놓은 소망의 터에서
곰비임비 오래 머물렀었다
문득 소설(小雪)에 소설(小說)을 쓰는 것은 우연한 것
톡, 톡 건드려보는 소설(笑設) 같은
어느 곳에서는 첫눈이 당도했다고
괜히 신나는 소설의 밤이었다

폭설

마침,
기다리던 그대 머리 위로 펄펄 흩날리는 건
머묾 없이 무성해지는 꽃잎들
심심하게 그대 몸 위에 뉘고 또 뉘고
착착 겹쳐서 한 몸이 되어버리는
단단한 뭉침, 그러면 그대도 사라지고
우리도 사라지고
그대 생각도 사라져서는 앞을 볼 수 없지
무아의 지경으로 달려드는 염치도 없지
저렇게 내리고 쌓이고도 사라지는 법도 있지
젊은 날,
우리 머리 위로 나붓나붓 날리던
흰 벚꽃 꽃잎 꽃비였던 그 약속같이
서로 짐작만 하고, 질문만 하다가 잊히겠지
마침내, 이 눈 그치면
눈썹달도 연처럼 나뭇가지에 걸리고
그대 눈의 부처 되어 천년처럼 깊어지겠다

플립 러닝*

풀잎 위의 러닝은 최소한의 숨고르기
변이도, 돌파도 자유자재, 바이러스가 널뛴다
사람과 사람이 멎고 세상도 잠깐 멈춤 중
미리 선행학습을 마친 개운한 얼굴들이
시간을 맞추어 화상에 뜬다
자판 위에 암호를 넣고 로꾸거로꾸거
저 보이시나요? 제 말은 들리시나요?
안드로메다에로 칸칸이 열리는 은하철도의 창
수많은 얼굴 속에 안내자가 된 선생
가이드 비용은 팬데믹 이전의 월급 완전 보장
어린 손가락들이 길을 잃지 않도록
깃발이 달리는 길도 만만치 않다
학교를 벗고 달리는 플립 러닝도
마스크를 벗어날 수 없다
돌아와 누운 침대에서만 자유로운 마스크
시방 창밖엔 꽃이 피고 지고
풀잎 위의 러닝은 최소한의 숨고르기

---

*플립 러닝: 역진행 수업 혹은 거꾸로 수업.

지상에서의 하루

바람과 함께 하늘을 걸어가는 너랑
구름과 함께 바람을 걸어가는 나랑
지상에서 단 하루, 뜨겁게 피어날 수 있었다면
나중에, 아주 나중에 슬픔도 없을까
아주아주 오랜 후에 후회도 없을까
꽃은 자주 피어나고 숱한 꽃잎들 뛰어내리는데
떨리는 마음, 내 무덤에 숨겨두고
그리운 마음, 하늘에 흔들리면서
내가 가고 없는 조등에 무어라고,
나의 무엇이라고 쓸 수 있을까
그때에야 네 이름 석 자 쓰면서 이슬받이
기울여 추억한다고 하면 기쁠까
저 풀잎, 쉼을 얻지 못하고
저 바람, 멈춤을 구하지 않고
가슴에 묻어버린 네 눈동자와 네 숨소리와
너의 따스한 손과 어깨를 더 이상 볼 수 없다면
한번 피었다 지는 저 가을꽃도 제 설움에 겨워
다시 꽃으로 피지 않으리라고

꽃으로 다시는 오지 않으리라고
흐린 세상에 그런 말 남기고 싶어질까

비문

그녀는 우산도 없이
흰 서류 봉투를 가슴에 껴안고 서 있다
그녀가 바라보고 선 횡단보도에
초록불이 들어오고 사람들이 건너왔다
그녀가 그들을 향해 무어라 말을 시작했다
아무도 눈길 주지 않고
들어주는 이 하나 없어도
그녀는 입술에 힘을 주어 열심히 말했다
신호등이 바뀌었다
그녀는 입술을 여미고 다시 그 방향을
건너가야 할 사람처럼 기다렸다
무엇을 보는 걸까, 저 초점 흐린
다시 사람들이 건너왔다
흰 서류 봉투를 가슴에 꼭, 품은 채
또 이야기를 시작하였다
그녀만 향해 비가 뿌려졌다
멈출 것 같지 않은 장마처럼
그녀는 지루하였다

그녀는 짓밟힌 장미처럼 허술했다
인권위원회 앞, 인도와 인도 사이의
비석이 된 그 여자

소설을 지나며

땅에 떨어진 빨간 단풍잎을 들여다본다
발그레한 귀를 열고 마주 보는 여자

속을 들키기 싫어 아무에게도 말하기 싫어 말하고 나면 더 두려울걸 낯설어져서 멀리 도망칠 거야 쌀쌀한 바람 타고 가버릴 거야 눈 오는 날에도 이렇게 있었으면 좋겠어 나무 둥치를 베고 네 눈 들여다보면서 배꼽 드러난 살결을 더듬고 잠이 들 듯 말 듯 네 몸을 스멀거리지 단내 나는 솜털 하나하나 쿵쿵거리며 그렇게 잠들고 싶어 아무것도 가지지 않고 무엇도 생각하지 않고 둥근 젖무덤에 누운 것처럼 아득하게 들려오는 세상 연인들의 밀어를 귓등으로 엿듣기나 하면서 옛 꿈들을 꿀 거야 처음처럼 젖어버린 키스들이 아플지도 몰라 아플 거야, 오/랫/동/안/아/플/거/야/ 아주 아주 오랫동안, 오

봄날이 눈부셔 빨리 지나쳐 버렸던 거라고
여름이 끈끈하고 따갑고 지루했던 거라고

가을 햇살이 우울했던 탓이라고

단풍은 원래부터 빨강색을 품고 있었을 것이라고
한숨짓는 그 여자, 아니 그 남자

여전히 커다란 귀가 잎사귀처럼 움찔거려요

한번쯤은 그랬다
단박에 쓰윽 굵은 밑줄을 긋듯
마음만 먹으면 천편일률이라도 시집 몇 권은 쓸 줄 알았다

한번쯤은 그랬다
그곳에 여우가 있어 슬쩍 곁을 내주면
매화 필 때 함께 있고 싶던 사람도 해마다 다시 필 줄 알았다

정말 한번쯤은
꿈꾸는 자작나무 숲 원두막에 여우구름처럼 스미고
시도 아니고, 사람도 아닌, 전설로 남을, 영원일 줄 알았다

숱한 해를 피고 지고 또 피어나는 꽃
사람은 가고 없으니
꽃은 피어도 사람이 없다
길 위에 바람으로나 내려앉는
흰 나비 떼
꽃묘가 되고

묘묘가 되고

풍문이 되고

오후의 시간을 재고 있는 버짐나무나 되어

이별보다 더 먼 곳에 서서

간신히 달력 몇 장 뜯어내고 계절을 밀고 들어섰다
당신이 바람을 빌려 조곤조곤 하던 말들이
수수만년 달려온 전설처럼 붉어 매달려 있다
억새의 은빛 갈기가 흔들리는 곳에 시간의 더께 두텁고
당신 눈동자를 골똘히 들여다볼 때의 그 간격이
한사코 밀어내던 경계와 중력으로 팽팽하다
우렁우렁 물자갈 뒤채던 뜨겁던 여름의 한낮
지루한 장마로 얼룩져 곰팡이 냄새나는 시절
생각하다보니 오랫동안 깊이 그리울 일도 있었나 생각하고
그날, 나는 무슨 말인가 했고
당신도 무슨 말인가 질러댔지만
이만큼 잊고 살다가
나는 누구인가
나는 무얼 했었던가
몸은 저 홀로 옥죄어 지하에 갇히고
옛 미움은 오래전 먼 길 따라갔다고
처음 만난 사람처럼 무심한 듯 악수나 나누고
개쑥부쟁이 등 뒤의 그림자처럼

그런 날, 아슴아슴 오금 저렸던 것이다
슬픔도 닳아 수평으로 어룽거리는 늪에 잠기고
함부로 이별의 말을 꺼내고 보냈던 날
어느새 억겁이라도 지난 듯 바투 잡아
이른 낙엽 흩날리는 살구나무에 기대어 서서
이제 이별을 마친 사람이 귀를 씻는 날이었다

흔한 이별

가을이 저만치에서 흘러갑니다
자꾸 무엇을 놓치는데
이대로 놓치고 영영 잃어버리는 것이
괜찮은 건지요? 비우는 중이라고요?
비운다는 말이 그리 쉬운가요
가슴에 흘러간 것들이 휴지통처럼 고단합니다
졸고 있는 동안에도 개꿈으로 소란합니다
어느 날에는 생애를 지우고
이름을 지우고 어린아이만 쪼그리고 앉을 겁니다
아버지도 그랬고
엄마도 그러는 중입니다
정다운 얼굴들이 옴팡 왔으면 좋겠다는 생각도
우두커니와 물끄러미 사이에서 지워지는 중입니다
겨울이 가깝습니다
문득 일렁이는 오후와 슬픔의 조우입니다
어느 길이든 가야만 할 것 같습니다
그러더니 순간,
일어서서 가고 없습니다

제3부

해찰하기

꽃을 보고 있으면 내가 꽃인 듯
꽃 속에 앉아 있으면 꽃이 나인 듯

햇살에 더욱 푸르러지는 잎사귀처럼
바람에 입술을 가만 스치며 가는

멀리 있으면 잊을 수 있을 것 같아
나를 영영 떠나게 할 것도 같아
깊은 숲속으로 길을 잃게도 할 것 같아

그렇게 멀리, 에둘러 해찰을 하고 싶었느니
지금 살아 숨 쉬는 일이 행복한 줄 알게 하신

어느 하루 잠시,
잠깐 피었다 시드는 들꽃을 알게 하신
오늘 가장 고요하고 맑게 바라느니

안녕, 주르륵 랩소디

안녕, 꽃들아 우리 연애할까
봄이 오나 봐, 연애하고 싶으니 봄이 온 거지
문 밖으로 긴 꼬리를 끌며 사라진 너의 길 위에 서서
연분홍 아지랑이처럼 흔들리는 너의 우울을,
등 뒤로 흘러내리는 안개꽃 같은 네 손짓들을 보았지
안녕, 우리 연애나 할까
우리의 하루는 지상에 단 한 번의 기회
지금 우리의 봄인 거지, 그들이 온다잖아
온 세상이 다 웃고 흐드러져도 네가 나를 울지 않으면
우리는 흔적 없이 없는 것들이 되는 거야
버려진 가면 사이로 빛나던 허황한 눈빛을 끌어안고
불면의 하데스를 위하여 노래를 부르고
젊었던 오르페우스의 사랑처럼 영원한 리라가 되자
해마다 오는 봄이라는데 우리의 봄은 멀리 흘러갔지
동무들과 목젖이 보이도록 웃으며 네가 떠날 때
허공에서 큰 소리로 네 이름을 불렀을 때
샤갈의 하늘에 떠서 인형처럼 딱딱한 다리로 헤엄을 치면서
더 큰 소리로 네 이름을 불렀을 때

붉은 장미꽃들이 우박처럼 떨어지고
푸른 잎들이 우레처럼 피어났다고 했던가?
우리는 각각의 우주가 다른 투명한 비눗방울과 방울
서로를 넘어서지 못하고 부딪혀 깨어지고 잊어버렸지
그리고는 동무들과 큰 소리로 웃으며 너는 달려가 버렸지
숨죽여 눈물을 위해 노래를 흥얼거리고
내가 더 어두워졌을 때에도 네 웃음소리는 들려왔어
내게서 가장 소중한 것을 내가 좋아서 네게 주었을 뿐인데
그게 최선은 아니었던 거라고
이봐 안녕, 우리 연애라도 다시 할까?
이빈엔 네가 좋아하는 것을 줄게, 꽃아

긴가민가할 때

청색 플라스틱 큰 화분은 실험실이다
단감을 먹고 그 씨앗을 묻어두었다
아보카도를 먹고 단단한 씨를 묻어두었다
돈나무가 향기를 만 리쯤 보낸 후에
찐득한 씨앗을 잔뜩 맺어서 묻어두었다
배양토는 낯선 씨알들을 품었다가
단감나무를 키워내고
아보카도를 키워내고
돈나무도 푸릇푸릇 키워내었다
어느 날 그 틈새로
솜털 보송보송한 풀이 얼굴을 내밀었다
잡풀인가 싶어 뽑아 버릴까 하다가
가만 두었더니 키가 겨우 한 뼘 넘었을 뿐인데
노란 별꽃을 피우고
뱁새 알 만한 토마토가 열렸다
버리지 않고 참아 기다렸더니
제 유전자의 기억으로 홍건한 삶을 보여주었다
흙 속에는 알지 못하던 씨족들이 숨어서

청색의 시간을 오래 숙성하는 것이다
씨앗은 당신의 오래된 전생이다

꽃밥 같은 무렵

입구를 잃어버렸다
잠깐, 피고 지는 꽃에 눈길을 주었을 뿐인데
희미하게 멀어진 너를, 차마
잡을 수가 없었다
구불구불 돌아가는 저 길 끝에
미루나무는 왜 그렇게 키를 세우는지
차랑거리는 바람에 통증이 먹먹해졌다
함부로 너에게 발을 들여놓는 게 아니었다
가끔 너를 놓아버리면
비로소 짓눌렸던 구들장이 사라지기도 했다
시를 쓰는 동안 스쳐간 별똥별조차도
마음이 먼저 베인다
능소화 소란스러운 돌각담 모서리에
하얀 들꽃 같은 것들이 쏟아진다
바깥에 있는 풍경들이 불편하다
가만히 쏠리는 사립문을 기대어 잡고
평생 절 한 채 짓는 일이 쉽지 않다고
그동안 나를 살린 꽃밥은 무엇이었냐고

흐리고 느리게 흘러온 저녁 무렵
입구를 잃어버렸어도 달라진 것이 없다
처절하게 배를 곯아야 할 일이다

개망초

잡풀 무성한 길섶에도
한껏 목을 늘인 목신들
오수를 즐기는 산등성이에도
어디든 무더기무더기 흔들리면서
잊어버린 풀꽃이라 불러 달라 그랬니
북악 영봉을 지나오는 바람결에
네 소소한 미소가 담겨와
풋풋한 숨결이 느껴져
아무렇게나 피어서
아무것도 아닌 듯하게 살아가고 있다고
네가 전하는 말인지
눈감으면 더 가깝게 피가 뛰는 게 보여
심연의 깊은 무덤가에도 피어
달빛 점점이 비늘처럼 떨어져 내린

조각조각 피었는가
잊었다고 생각할 때 어디서든
넌 흔들리고 있어

거짓말처럼 행복한

남쪽에서 올라오는 꽃을 역행한다
바깥 온도가 달라진 걸 먼저 아는 것들
모질고 여린 것들이 방긋방긋 피어난다고
내 품의 미숙한 악보를 팽개치고 떠났다
너에게로 가는 길은 너처럼 변덕스러웠다
비가 오다가 해가 떴다가 눈발이 날리다가
겨우내 마른 흙바람이 안개처럼 일었다
목구멍에서 꽃들이 앓는 소리를 냈다
네가 봄눈이라 말하자 꽃은 피는 중이라고 봄
봄은 지나가는 중이라고 생각하니 빗방울 부리는 봄
꽃을 피우면서 다시 꽃이 진다고 서러운가 봄
봄을 지운다고 야단이고 봄 간다고 세상 끝인가 봄
툴툴거리는 네 심술처럼 세상도 덜컹거렸다
숲의 오후가 되자 두서없이 꽃피는 일과
줄기차게 돌풍이 불어대던 일은
너의 요설처럼 단단한 버릇이었다고 봄
너는 왕버들 눈먼 봄을 기다린다고도 했지만
풍경 같은 풍경에 나, 둥글게 앉노니

노랑나비를 만나서

수레바퀴를 따라 연둣빛 저고리와
연분홍 치맛자락이 먹고 떠들며 굴러 간다
각시굴을 지나고 잠두리길을 걷다 보니
문득 노랑나비로 날아오는 너희들을 만나고
뭉개진 슬픔끼리 어깨를 걸고 잠들지 못하는
너희의 아비와 어미들, 눈동자 같은 강물 위로
낭창낭창 커버린 산벚꽃 꽃잎 날린다
애잔한 것끼리 흐드러지다 보니
파랑주의보 낭자했던 새벽녘의 생각
그날에도 그랬다
정지된 화면 속에서도 시나브로 가라앉고 있었을
사각지대는 쉽게 떠오르지 않았다
별이 되고 물꽃이 핀 세월, 울어라 사람아
열어라 닫힌 문들아
피어라 사월아, 누군가는 눈물강 맹골을 지나
매화도로 건너갈 수가 없네
캡사이신을 뿌려주며 더 울어라 한사코 권하는 세상
문 열면 너무 환한 세상, 누군가의 살꽃들,

뼈 중의 뼈들은 독살을 빠져나가지 못하네
저 홀로 애곡의 문 닫을 수도 없었네
꽃 풍선, 꿈 풍선, 소풍의 수다도 다 산화했네
노랑나비들아 날아서 오렴, 잠두리 산벚꽃 핀,
아까 본 봄 길이 그 길 아니네
꿈이 온통 지워져 버린 그 봄날뿐이네

생의 한가운데 핀 꽃

가도 가도 끝이 보이지 않는
맹렬한 화염의 땅, 다나킬에
갇혀버린 바다 천 년을 활활 타오르는 활화산
그 경계를 살아가는 아파르 부족을 보았다
소금밭에서 소금을 캐내야 사는 맨발의 부역들
네모나게 잘라낸 소금을 지고 가는 낙타와 카라반
그들에게 소유할 수 있는 것이 없다
식구와 함께할 좋은 시절도 없다
그럼에도 삶은 희망이었다
에티오피아의 오지에서, 혹은
수천 지하 광도의 탄광에서
붉은 쇳물이 쩔쩔 끓는 용광로에서
탱탱한 그들의 등에 피어나는 소금꽃!
뜨거운 햇살의 무게가 흰빛으로 뜨고
푸른 바람 나비 떼처럼 피어나는 꽃소금
대파를 치면 조각난 바다에 흰 메밀꽃 일어난다
화염의 절창, 소금의 꽃이다
바둑판같은 해주에 바다를 가두고

목도채로 밀고 다니는 염부의 등에도
짭조름한 흰 메밀꽃이 핀다
염부의 뼈를 녹여 피어나는 꽃
등이 휘어지도록
입 안에서 단내가 유쾌해지도록
생의 한가운데 소금꽃 피워보았는가
질곡의 계절을 생생하게 해준 적 있었나

낌새

나무들의 아미가 붉어졌다
무성하던 수다가 한 입씩 떨어졌다

지난한 폭염에서도 꿋꿋하게 버티던 수다였다
견딘다는 것은 그다지 웅숭깊은가
바람의 동공은 깊어져 가벼운 수다에도 몸을 날렸다

너에겐 너무 가벼운 잎사귀
점점 어두워지고 더는 들을 수 없을 것이다
돌아오기 위해 떠난다는 것
한밤중 고양이 울음처럼 무거운 것이다
길 위에 서서 스러지고 있을 흐느낌들
우두망찰 그 배후로 떠나고 싶어지는 것이다

떠나는 길 모롱이에서 돌아보면 차마
성글어진 나무들의 아미에 입 맞추지 못하리라

손을 잡고 잠시 온기를 나누었을 뿐인데

훗날 좋은 봄볕에 만나면 알아챌 수는 있을까
가까스로 알아채더라도 처음인 척해야 하는 것일까
가을 숲의 심장이 두근거리는 밤이다
구절초 향기 수런거리는 시월은 지워지는 중이다

산벚꽃에게 묻다

잘 비우는 사람이 그리웠다
안에 잔뜩 엉킨 무엇을 비우러
수수만년 비우고 채우고
무한반복 하는 산으로 갔다
산들바람에 산벚꽃 다 날려버릴 것처럼
꽃잎들, 하르르 하르르 가벼운 몸짓
저 꽃빛만 펼쳐지는 무욕의 사방
산은 비울 것이 더 있다는 듯
골을 따라 산새 울음을 흘려보냈다
산꿩의 울음도 길게 들려왔다
무엇을 찾았는가고
무엇을 비웠는가고

산속에 오래 앉아 있던 나무들은
시나브로 허공을 그려 초록으로 채우는데
나 오래 앉아 있어 무얼 채웠는가
산울림 아득해지고
귀울림은 깊어지고

그럼 무얼 비웠는가 되물어도
채색하던 산은 그림자만 푸르러
도무지 봄날에는 채워야만 한다는 듯
산길에 살며시 무게를 부리는
산벚꽃, 저 산벚꽃 제 그림자에 취하고
꽃잎 날리는 고단한 하루,
나는 가볍고 몸은 무겁고

다시 쓰는 개망초

대대제방, 깊숙이 가라앉은 오후 세 시
미루나무 늘어선 하늘가
조금조금 변하는 구름 한 점처럼
오래 바라본 뒷모습은 어찌나 빠른지
사지포 걸어가면 눈에 담는 것보다
세월 밖으로 흘려보내야 할 게 많다는 것
문득 길 위에서 뜨거워진다
한낮의 폭염에 꽃들은 풀이 죽어
까실한 숨을 고르며 기대어 앉은 보리밭
입술의 말만 농후해지는 한가로운 초하여서,
늘, 어쩌면 거기 있었을 풍경처럼
당신과 알아온 만큼의 쓸쓸한 것들이 왈칵
할 말 없어 지평을 바라보는 일,
풍경처럼 멀리까지 맑은 바람을 풀어놓고 싶어
노랑어리연 잎 점, 점, 점, 마네여
눈물처럼 이쁜 당신도 거기 마르고 있구나
일억 사천만 년의 모습으로
빈집을 드나드는 바람의 화석이 되어

당신에게 가는 길은 마음 밖으로 밀어내 놓은
세상과 맞닿은 또 하나의 길이여서

화안하다, 울컥

물 떼를 만나다

허공을 북북 그어대면서 비가 왔다
오른쪽 귀를 나무에 대고 왼쪽 귀는 바깥의 숨을 더듬었다
후끈한 수피와 그 바깥을 가르는 차가운 소리
세상의 지붕처럼 뒤덮고 있는 잎사귀가 소란해지다가
내 가슴께에서 종소리처럼 출렁거렸다
불현듯 울음이 차올라, 저 빗길을 흘러가
어느 바닷가에 닿아 공룡처럼 발자국 찍어놓고
남해 깊이 잠겼으면 좋겠다는 생각
물고기들에게 먹히는 살들이 팔랑거릴 것이다
문득 사라지고 없는 나를, 그래 나를
한바탕 떠들썩하게 찾는 소리가 명랑하다
짜르르 왼쪽 심장에 경고음이 울렸다
빗소리에 방전된 비명들이 날아올랐다
시나브로 세상의 모든 구멍을 채우려는 듯
어설픈 지도를 만들면서 장맛비는 쏟아지고
구름의 중심에서 번쩍 섬광이 일었다
후박나무 잎을 조롱하는 듯 빗방울이 성기어지고
그 초록의 넓이에 미끄러지는 물방울들

푸른 잎사귀들이 깃을 세웠다
바다에서 막 돌아온 초록 물고기들이 생생하게 흔들렸다
내 가슴에 그려진 먼 얼굴도 잎사귀를 털고 뛰어내렸다
세상 어느 구멍에 숨었다가 물 때를 만났던,
퉁퉁 불었던 먼 그리움 몇 마리 햇볕에 자지러졌다

어머니와 빨랫줄

쨍한 햇볕에 구르는 쳇바퀴를 보다

나무들은 시나브로 희어지고
엄마는 종내 아리안의 동공처럼 깊어지시고
처마 끝 물고기는 홀로 쨍그랑
쨍그랑 쟁 쟁 쟁

오롯이 바람만 건들거리다
휘—이 에둘러 건너가고

아무도 오지 않는데

아무 기별 없는 모정에 앉아
햇볕을 쬐다 바람을 만나는 연처럼 먼 허공
희게 빨아 널은 수건이 까슬까슬할 때까지
오래 앉아 엄마는 빨랫줄에 걸려서

그런 줄도 모르고

그런 줄도 모르고

엄마는 오래 마르고 있는 줄도 모르고

눈물 좀 주세요

눈 내리는 날에는
속삭이는 자작나무 숲에 갈래요
주머니에 꼭꼭 접어두었던 것
언제 흘린 건지 잃어버린,
외로울수록 푸르게 잘랑거리던
그 손바닥을 찾으러 갈래요
새벽 골짜기 안개가 컹컹 울며 몰려다니던
그쯤에서 흘린 것인지
눈 내리는 날에는
하얀 수피 위로 쏟아붓던 눈물처럼
하염없이 등줄기에 퍼붓던 애매한 키스처럼
뱅뱅 도는 나뭇가지들을 이고
머뭇거리던, 그 사람을 찾으러 갈래요
여름날 지루하던 장마와 끈적이는 바람에
뿌리까지 드러나 파헤쳐진 그 숲처럼
우리 자주 흔들렸고 머뭇거렸지요
눈 내리는 날에는 그 숲에 갈래요
까마득히 잊었던 그 자작나무 끌어안고

할 말은 많아도 펑펑 울어나 보려고요

그러니 내게 눈물 좀 주세요

나는 아직 뜨거워지고 있는 중이다

물웅덩이에서 자맥질하는 오리 궁둥이가
눈이 시리게 희다고 바라보다가
물끄러미 내 본색을 들여다보노라니
물갈퀴가 물방울을 튕기며 잽싸게 허공을 걷어찬다
노을을 보다 순간, 뜨거워진 부끄러운 생각
결코 너를 얕잡아본 게 아닌데
네 시집을 읽다가 숯불에 화들짝 덴 것 같았다
네가, 잘 쓴 시를 읽으면 샘이 나요 했다
아니, 좋은 시를 읽으면 질투심이 활활 탄다고
내가 몇 번씩이나 부연했다
질투가 나면 빨리 인정하고 친해져야 편안했다
질투심을 강조할 만큼 좋은 시를 쓰는 사람이
곁을 내준다는 게 참 좋았다고
초사흘달이 눈 흘기는데도 무턱대고 좋다고
돌아오는 길 화단 속 바위에 핀 붉은 꽃,
아기 손바닥만 한 담쟁이가 혼신을 다해
뜨거워지는 중이다

제4부

그 한때의 말

네가 거기 있어서
항상 있을 것이라고
늘 있다고 믿고, 믿는다고

쓴다
읽는다
바라본다
햇살을, 바람을, 구름을, 나비를
입꼬리에서 슬쩍 당겨본다
웃음의 획이 툭, 떨어진다 ㅅ의 우음우음
손가락 사이로 악지히게 미끄러지는
투명한 슬픔, ㄹ의 울음울음

사랑한다는 말은
늘 그 자리에서 기다린다는 말
그 한때의 말, 울컥

오리나무 숲에 서서
— 크리스 가르노*

푸른 이끼를 밟을 새라 조심조심 발을 옮겼지
크리스 가르노가 임파선을 따라 심장으로 들어갔네
음악처럼 가는 비가 멀리 번지는 오후였었네
오 리만 더 가자고 오 리만 더 가면
무언가 달라질 것이라고 왔던 길이 이 오리나무 숲이네
우연하게도 하늘에는 연초록 잎사귀들이 팔랑거리고
그 수많은 잎사귀의 사이사이로 쏟아지는
거부할 수 없는 전생의 기억들
어쩌면 더 멀리 가버렸을 헨델과 그레텔의 이야기처럼
마녀는 슬프고 억울하게 죽은 솜씨 좋은 제빵사였을 뿐
뒤바뀐 사건의 조서처럼 슬픈 내력을 가지고
영원히 그 숲에 잠들게 되었던 것을 듣게 되네
그는 느린 걸음으로, 낮은 목소리로 달콤하게 속삭이네
 기묘한 노래가 숲에 와서 잠든 전설들을 깨우고
 내 전생의 솜털까지도 일깨우는 동안 새소리로 가득해지는 숲
 거부할 수 없는 순결하고도 착했던 사람들과
 그들을 억압하는 권력의 손아귀들을 기억하는 나이테들

새들은 속삭이네 숨겨진 슬픈 내력들을
아무도 돌아보기 쉽지 않은 이야기들을 우울하게 들려주네
시인도 어쩌면 이 숲에 숨어든 은자였을 거라고
화려한 이력과 상장과 상금이 날아다니는 그 하늘이 아닌
이 오리나무 숲 부스스 떨어지는 크리스 가르노의 노래처럼
느리고 기묘하고 우울한 고요 같은 사람일 거라고
유난히도 간지러운, 성글어지는 그 숲에 머물고 싶어지네

---

*크리스 가르노(Chris Garneau): 미국 보스턴 출신의 싱어송라이터.

귀신고래를 만나다
— 반구대 암벽화

1

 옛 고을의 무너진 담에서 메마른 풀나무들이 맨몸 부딪히는 호수에 갔네 백동의 갈라터진 등짝, 낮게 가라앉은 옛 마을로 내려가는 구부정한 길이었어, 살금 발만 디뎌도 놀라 튀어 오르던 검은점청개구리는 청동의 전설, 살아있는 화석이었다지 어머니의 둥근 배에서는 산새들이 깨어나고, 마침내 솟아오른 해돋이 때 보았지 간밤에 물소리 뒤채던 소란은 한실, 깊은 가슴에 귀신고래 떼가 자갈 굴리는 소리였던 거야 하얀 뼈와 투명한 등을 드러낸 눈부신 어족들이 헤엄치던 밤, 부서지던 별똥별 빛 속에 보았는지…… 원시의 야성이 몽돌처럼 굴러다니던 그 밤, 바위 속으로 헤엄쳐간 석어의 몸에서는 푸른 물이 뚝뚝 돋고 있었지

2
눈썹달 맑은 접시 위로
헤엄치던 흰 그림자
인어였나
귀신이었나

팽팽하게
생생하게
역동하는 몸짓으로
물비늘 떨치며 일어서던 것
한실의 솟대가 되어

우기, 자하문에서

보고 싶다 보고 싶어 안달이 났다
느닷없이 생떼를 놓는 빗방울
장미 넝쿨을 움켜잡고 한바탕 뒤흔든다
붉은 잎이 한 움큼 뽑혀나간다
울타리 밖으로 밀려나며 허공을 잡으려는
저 손의 열망들, 곧잘 머리를 기대어도 좋았던
눅눅한 어깨를 흔들고 있다
생각은 자꾸만 저, 산 뒤로 사라지고
속절없이 환한 꽃잎 더는 못 기다리겠다
보고 싶다, 보고 싶어 죽겠다
뼛속 찔러대는 바람 아파죽겠다
후텁지근한 여름 꿈같은 몸살 앓다가
북악과 인왕 가장 부르고 싶던 이름 하나
허리에 꽈악 둘러매야겠다는
바람, 바람으로만 끝나지 않는 바람
어디선가 와장창 양철 깨지는 소리
후벼드는 칠월 첫날

우주 미아

길을 걷다가 생각했다
세상과 괴리되어 먼 곳을 걷는 시인들은
스스로 고아가 아니었고
태생적으로 미아로 태어난 존재였을 거라고
바람을 보다가 생각했다
더는 갈 곳이 없는 사람들이
더는 가야 할 곳도 없어져서
천성적으로 헤매는 바람이 되었을 거라고
별을 보다가 생각했다
더는 돌아갈 곳이 없어 은하수를 도강하여
천년을 미친 듯 달려오는 빛이 되었을 거라고
그리하여 이제는 우주의 진공을 잡아먹는
거대한 식탐의 블랙홀이 되고
궤도를 이탈한 자끼리 꼭 붙잡고 서서
흔들어대는 저 우주의 아이들을 낳고
그래서 선천적으로 쓸쓸해지고
그래서 별과 우주 사이를 건너다니는 거라고

두근두근 꽃

꽃밭정이*에 가까워지자
꽃이 질 때도 되었다고 두런거렸다
멀리 두고 바라만 보던 일도 편했는데
사는 근심 없이 살았을 것 같던 꽃대궁이 기울었다
그렇게 온갖 바람에 여읜 꽃은 훌쩍 왔다가 갔다
기다려본 사람만이 아는,
꽃이 피기 위하여 두근거리던,
조바심하며 생을 타고 돋을새김 하던,
덩굴손 같은, 눈부시게 물비늘 일렁이던 일
그런 것 다 내려놓고 한잠 드셨다
나는 언제 피기는 했나 아득한데
누군가의 안간힘으로 한창 피었다는 걸
그 꽃 훨훨 떠난 한참 후에 알게 되었다
덧없었다는 말, 그렇지 않나
의미 없이 피었던 적 없고
이유 없이 지는 일도 없더라는

두 분 나란히 앉아 모악산을 바라보며

누구라도 기다리는 일 없이 햇볕을 쬐고
이생의 인연도 바둑돌 놓듯 흩어버리고
옛집에 돌아가 도란거리면서 꿈에나 나투시는,
효자자연장에 서서 힘껏 울었을 뿐인데
이제는 나, 비로소 꽃이 지는 일을 기다린다

*꽃밭정이: 부모님 생전에 사시던 동네.

만첩홍매 화엄경

자시문 담장 아래에서 무엇을 기다리는 햇살,
만첩홍매 두런거리는 목소리, 귀 기울여본다
기다림의 미학이라는 한 장면을 잡아채려고
가만히, 가만히 숨을 고르며 오래 오래 앉아 있는
졸음 나는 낡은 가죽구두와 반짝이는 렌즈—
셔터를 누르는 순간 내 풍경 속으로 쑤욱 손 하나 들어왔다
감히 내 풍경에 허락 없이 들어왔냐고
타박도 하지 않는 환한 오후
그 손이 향한 곳을 깊이 바라보는 봄이다
어느 곳에서 너는 피어나고 나 없이도 흐득흐득 지고 있을 거다
첫 환호에 흔들리며 피고, 흔들리며 또 지고 있는 꽃
아득하여
아득하여서
노곤한 눈꺼풀은 풀썩, 허공에 눕고 싶은데
사람들 소리마저도 아득하여져서
조금, 그대 어깨 빌릴 수 있을까 하여

잠시 노곤하여지네

잠시 졸고 싶어지네

햇살 잘 삭은 뜨거운 어깨, 그 화엄

Photograph

먼 데서 갸르릉 거리는 천둥소리
늑골을 흘러내리던 빗물이 울렁이며
예스퍼 랜엄*과 몸을 섞는다
창을 잡아채는 바람은 배곯은 승냥이처럼
덜컹거리며 울어댄다
숨어 울기 좋은 방, 나는 뭐하고 있나
좀 얄미운 사람일까 쓸모없는 궁상
곰곰 곰삭이다가 흩어지는 풍경이다
눈까풀 눅눅해지다가
늦여름과 초가을이 상견례 중이라고
공손을 다하여 말랑말랑해지는 귀

---

*예스퍼 랜엄(Jesper Ranum): Photograph를 부르는 덴마크 가수.

할미꽃

　매화 피어나고 봄이 지나가고, 여름이 오고, 여름이 지나가고, 가을이 오고,
　그 가을도 지나가고, 깊고 긴 겨울이 오고
　사는 일이 매양 이렇게 계절의 꽁지를 물고 쫓아가는 일, 붉고 뜨거운 꽃잎
　다 지고 나면 백발만 오래도록 휘날리는 것

　그리곤
　바람에 흩어져 날아가 버리는 것

만항재에서

적막이라 불러보는 새가 울었다
부리를 둥글려 뾰족하게 우는 새였다
보송보송한 울음 결마다 촘촘히 박히는 별이
함백산 야생화로 피어 흐드러진다
네 발밑이 깊어지고
네 허리 아슬해지는 그 찰나가
한 우주였을 텐데
여름이 지나고 가을도 지나고
봄이 오고 또 지나가고
윙컷의 날갯짓은 멀리 날지 못한단다
이름 없는 묘 앞에서 서럽게 울고 나서는
흩날리던 깃털마저 다 털어버리고 돌아섰다
울지 말고 살아보자고, 살아보자고
살다 보면 울음도 삭아져 눈물도 배어나오지 않는다고
겨드랑이 움찔거리며 산을 내려오는 것이다
그리고 아무렇지도 않게 웃어제끼며
적막 한 채를 허물고 있는 날도 있을 테다
길이 끊어진 곳에서 다시 걸어가며

새 길을 만들고 있는 왼발과 오른발의 그 새
잘 먹고 잘 살아라
나 없어도 더 행복해라 외치고 내려오는
그 짧고 짧은 하루, 사랑하기 참
좋은 날, 그래서 울음 절인 날

접는 달

열외자의 세상처럼 눈물이 젖고 있다
광화문 마당은 빈 깡통 속 동전처럼 시끄러운데
북악과 인왕의 둥근 마루는 보이지 않는다
잠시 소강,
다시 쏟아붓는 저 비
마구,
제멋대로 회색의 하늘을 흔들고 있다
뽑혀져 나가야 하는 뿌리처럼

지금은 장마 중

어디선가 달은 혼자서 차오르고 있다
내일쯤, 맑음이라면 몰래 찬 달이 휘영청 떠오를 테다

그럴 것이다, 언제 젖었냐는 것처럼

분홍의 소음과 문장뿐인

아흔아홉 날을 갈구하고도
못 채운 것이 있으니
붉은 자시문 앞 분홍, 분홍바람
일렁일 적에 내 귀 잠시 멀고
그 소음 속에서 멀미를 하고
늙은 등걸에 덧니 같은 뾰루지도 꽃빛
두 눈 부릅뜨고 숨겨진 행간 찾으려
어디를 향하나 만첩홍매여
천년의 돌담을 기대어 생각하면
오만 촉수가 자라나던 옛 문장만 피어서
따뜻한 바람 힌 줄기 지날 때
누군가의 눈물
누군가의 완곡한 악수
누군가의 간절한 바람
기다리고 또 기다리고 오랜 동안
문장은 완성되지 않았으니

오래전 불러보던 사소한 습관으로

먼저 떠나야겠다
생각하니 붉은 꽃잎들이 실없이 졌다
백만 년의 사람, 간지러운 사랑은
백 일도 안 되는 말로 탑을 쌓아두고
먼 곳을 바라보던 그 눈빛도 이제 보이지 않는다
산다는 일이 그러려니 싶었는데
사라지는 것과 새로 오는 것의 사이에서 잠시
허둥거렸다
이쁘다며 지나가는 그림자들은
붉은 꽃만을 보았다

백만 년을 꿈꾸던 옛사람아
오래된 꿈을 물어 나르던 입술처럼 피어라
달싹이는 마른 꽃잎이라도 피어보아라
저 홀로 삼복 내내 피고 지고 피고 지더니
시나브로 가볍게 몸을 날린다
그때, 어미 잃은 붉은머리오목눈이도 그랬으리라
서러움은 붉고 또 붉었으리라

그래도 살아봐야겠다는 쪽잠의 모색
목백일홍 흰 몸에 어룽지는 잠깐의 오수처럼
무겁게 걸려 올라오는 얼굴들
오래전에 불러보던 사소한 이름처럼

다시 채석강에서

그를 다시는 펼쳐보지 않으리라고
두텁게 쌓인 먼지를 털어내지 않았다

밀려왔다 푸르릉 피어나는 물거품도
서로 꼬리를 물고 사라지는 이무기의 꿈만 같아
수십 리 밖으로 펼쳐진 모래톱에서는
해무가 시나브로 일어나나니

칠천만 년 동안 아무도 펼치지 않았다는
이백의 서재를 엿보기나 하였다
선캄브리아대를 지켜온 할배도 눈웃음으로
천 탑을 쌓는 중이라고 했다

고서를 펼쳐보는 이 하나 없어도
갯벌을 뚫고 나온 달랑게들이 눈 봉 곤추세우고
따개비들도 푸른 바다를 꿈꾸는 밤

그해 가을의 그 해국은

지금도 책갈피에 보랏빛 곱게 꽂혀 있는지
희끗해진 꽃이파리 날아가 버렸는지
차마, 아래 눌린 책을 꺼내 보지 못하고
바다를 꿈꾸는 생이 무거워지는 밤이다

바깥에서는 울음도 눈이 부셔요

함께 머물던 달의 뒤편이라도
이보다 더 좋을 수는 없다 했어요
그 밤은 질척거리는 달도 손을 놓아버렸어요
만항재 산길에서 만났던 안개처럼
가늠할 수 없는 혼돈의 농단이여요
당신이 뒷심으로 끌고 온 그 꽃 분홍
퍼즐을 거의 완성한 줄 알았죠

쥐가 고양이를 물었어요

다시는 멀리 갈 수 없는 먼동,
동이 튼 후에는 그 꽃의 배후마다
알 수 없는 향기만 꼬물거려요
친절한 악수 씨, 이제 볼 수 없지만
꽃 댕강 꽃 지듯 약속도 한 세상 떨어지고요
꽃의 흰 그림자만 오래 남아요

이유 없는 죽음은 없어요

해설

불멸을 향한 악착같은 사랑의 노래

우대식(시인)

　진란 시인의 시를 읽으며 가장 먼저 느끼게 되는 것은 운동으로서의 감각이다. 그리는 대상이 풍경이든 마음의 상태이든 끝없는 움직임의 실체로 대상을 그리고 있다는 사실은 시적 화자의 지향을 가늠해볼 수 있는 계기를 제공해 준다. 가령 "항상 바다로 가고 싶었는데/누가 밤마다 나를 그 고비에 세워둔다"(「시인의 말」)는 고백은 모순된 상황의 전개를 보여주지만 사실 이는 부단한 상상력의 운동을 전제로 하고 있음을 암시하고 있다. 바다와 사막을 오가는 상상력의 운동은 이 시집을 서정이라는 이름으로 그저 고개를 주억거리며 읽을 수만은 없게 하는 동인으로 작용한다. 사랑, 봄, 꽃을 찾기 위해 "더 많이 쳐다보고/더 많이 듣고/더 많이 침묵"(「그럼에

117

도 불구하고」)하는 내재적 역동성이 발휘되어 있기 때문이다. 그러니 독자도 부지런히 그 발길에 함께할 때 보다 시를 읽는 재미를 느끼게 될 터이다.

동적인 상상력의 하나로 시 전면에 드러나는 것은 대상과의 만남 혹은 관계성에 대한 탐구라 할 수 있다. 관계성에 대한 탐구는 사랑 혹은 이별로 변주되면서 시적 화자에게 세계란 도대체 무엇인가 하는 탐구로 환치되어 가는 것이다.

> 꽃들의 구역에서
> 가장 생생한 아픔은
> 너와 내 뿌리가 맞닿은 것을 볼 수 없다는 것
> 서로 얽히고설켜도
> 둘의 뿌리를 섞을 수 없다는 것이다
> 너와 내가 꽃으로 피어 마주 보는 시선이
> 뜻하지 않은 바람에 흔들리는 것이다
> 너의 향기도 너의 속삭임도 바람에 흩어져 버리는 것이다
>
> 그럼에도
> 더 많이 쳐다보고
> 더 많이 듣고
> 더 많이 침묵하고

더 많이 주고 싶어지는 마음

세상에 함께하는 시간에 우리는 살고

살아 있고

살아 있을 수 있다는 것을

아무도 볼 수 없는 곳에서

뿌리와 뿌리를 맞대고 연리지가 되기까지

자유를 향하여 달려가는 네 도주의 흔적을 따라

나는 또 피어나고 피어나고

피어나고

톡 톡 톡 떨어지는 낙화는

문득 네 꿈속에서 또 다른 뿌리를 내리고

―「그럼에도 불구하고」 전문

진란 시인의 작품에 가장 많이 등장하는 제재로서의 꽃 또는 나무 혹은 숲은 정동의 미학을 구현하면서 진정한 관계성에 대한 탐구를 보여준다. 꽃의 뿌리에 대한 탐구의 결과로서 "너와 내 뿌리가 맞닿은 것을 볼 수 없다는" 내적 고백은 시적 화자가 대상에 어떻게 밀착해 가는지를 보여준다. 그것은 불가능에 대한 지향으로 끝내 "너의 향기도 너의 속삭임도 바람에 흩어져 버리는" 것을 분명히 인지한 가운데 솟아난 사유이다. 단절성의 운명 앞에서 "그럼에도 불구하고"를 되뇌며 "세상에 함께하는 시간에 우리는 살고/살아 있고/살아 있을 수 있다는 것"이라는 독백은 궁극적으로 인간은 무엇으로 사는가 하는 물음에 값하는 것이다. 너와 연리지가 되기 위해 "네 도주의 흔적을 따라/나는 또 피어나고 피어나고/피어나고"를 반복하겠다는 의지는 결과적으로 생에의 의지이며 불멸을 향한 다짐이기도 한 것이다. 니체식으로 말하면 모든 반복은 새로운 시작이며, 삶이 반복되는 모든 순간은 그것을 경험하는 자에게는 항상 새로운 시간이 되는 것처럼 피어난다는 운동성은 바로 불멸의 속성을 함유하고 있는 것이다. 그 불멸은 "네 꿈속에서 또 다른 뿌리를 내리"며 현실과 꿈의 경계조차도 넘나들게 된다. 이 지치지 않는 사랑은 사월이 오면 "그리운 그이들도 그 숲에서는 불쑥불쑥 환해져 버렸"(「대책 없는 사월, 크리스 가르노처럼」)다는 역동적 시선을 보여준다. "온 세상이 다 웃고 흐드러져도 네가 나를 울지 않으면/우리는 흔적 없이 없는 것들이 되는 거야"(「안녕, 주르륵 랩소디」)에서 보는 것처럼 서로 울어주는 관계 속에서만 존재자가 존재성을 회복하게 되는 것이다. 이 역동적 관계성에 대한 지향은 자타불이의 지경에 이르게 되었을 때 종교적 색채마저도 띠게 된다.

마침,

기다리던 그대 머리 위로 펄펄 흩날리는 건
머묾 없이 무성해지는 꽃잎들
심심하게 그대 몸 위에 뉘고 또 뉘고
착착 겹쳐서 한 몸이 되어버리는
단단한 뭉침, 그러면 그대도 사라지고
우리도 사라지고
그대 생각도 사라져서는 앞을 볼 수 없지
무아의 지경으로 달려드는 염치도 없지
저렇게 내리고 쌓이고도 사라지는 법도 있지
젊은 날,
우리 머리 위로 나붓나붓 날리던
흰 벚꽃 꽃잎 꽃비였던 그 약속같이
서로 짐작만 하고, 질문만 하다가 잊히겠지
마침내, 이 눈 그치면
눈썹달도 연처럼 나뭇가지에 걸리고
그대 눈의 부처 되어 천년처럼 깊어지겠다

—「폭설」 전문

  활달했던 봄과 여름이 지나간 자리에도 여전히 꽃은 피고 있다. "기다리던 그대 머리 위로 펄펄 흩날리는 건/머묾 없이 무성해지는 꽃잎들"에서 보듯 그대와 나의 매개로서 꽃은 어느 순간에도 피고 지는 것이다. 내리면 곧 사라지고야 말 눈

꽃은 일반적으로 허무의 상징이 될 터이지만 이 시에서는 "착착 겹쳐서 한 몸이 되어버리는" 실체이다. 한 몸이 되어버리는 화학적 작용을 통해 "그대도 사라지고/우리도 사라지고/그대 생각도 사라져서는 앞을 볼 수 없"다는 생각에 도달하게 된다. 이 전면적인 육박의 형식이 진란 시인에게는 시의 다른 이름이다. "무아의 지경으로 달려드는 염치" 없음이야말로 역동적 관계성의 한 정점이라 할 수 있다. 그럼에도 불구하고 "저렇게 내리고 쌓이고도 사라지는 법도 있지"라는 독백 혹은 탄식 속에서 궁극의 허무가 자리하고 있음도 보게 된다. 허무라는 깨달음도 숭고한 지경에 도달해야 값을 지니는 것이다. 폭설을 통하여 그대와 하나 되는 지경이 도달하고 또한 그것마저 사라져 달이 나뭇가지에 걸린 풍경은 쓸쓸한 존재론을 연출하게 된다. "겨울이 가깝습니다/문득 일렁이는 오후와 슬픔의 조우입니다/어느 길이든 가야만 할 것 같습니다"(「흔한 이별」)는 고백적 진술은 불멸의 관계성에 대한 탐구이며 동시에 궁극적 만남의 실패라는 허무를 동시에 보여주고 있다. "어느 길이든 가야만 할 것 같"다는 낭만적 정신이야말로 이 시집 전체를 고양하는 한 동력이라 할 터이다. 불멸과 허무에 대한 통찰은 자연스럽게 삶에 태도로 드러난다.

    매화 피어나고 봄이 지나가고, 여름이 오고, 여름이 지나가고, 가을이 오고,

그 가을도 지나가고, 깊고 긴 겨울이 오고
　　사는 일이 매양 이렇게 계절의 꽁지를 물고 쫓아가는
일, 붉고 뜨거운 꽃잎
　　다 지고 나면 백발만 오래도록 휘날리는 것

　　그리곤
　　바람에 흩어져 날아가 버리는 것
　　　　　　　　　　　　　　—「할미꽃」 전문

　모든 계절의 순환 속에 꽃이 지고 나면 "백발만 오래도록 휘날리는 것"이라는 평범하기 짝이 없는 진술은 실상 어떤 진실을 품고 있다. 그것은 앞에 말한 불멸과 허무가 동반되는 무수한 반복과 순환 속에 빚어지는 삶의 적나라한 국면이기 때문이다. 끝내 떨어질 수밖에 없는 끝과 시작을 부여잡은 자기 보여주는 육체의 분열을 이 시에서는 "바람에 흩어져 날아가 버리는 것"이라고 형상화하고 있다. "내일부터 봄을 잊을까요?"(「변절에 대하여」)라는 물음 혹은 다짐은 역설적이게도 봄에 대한 충만한 사유를 보여준다. 이 사유의 끝에서 나온 모든 가을과 겨울이 "바람에 흩어져 날아가 버리는 것"이라는 통찰은 그대로 삶의 한 알레고리로 드러나게 된다. 이러한 통찰은 나 혹은 우리에게 삶이란 무엇인가 하는 문제로 확산되는데 더러 구체적인 현실의 문제로 치환되기도 한다. 그

예가 세월호의 아픔을 그리고 있는 「노랑나비를 만나서」와 같은 작품이다. "노랑나비들아 날아서 오렴, 잠두리 산벚꽃 핀,/아까 본 봄 길이 그 길 아니네/꿈이 온통 지워져 버린 그 봄날 뿐이네"라는 비통한 어조는 비애의 정서를 내뿜고 있다. 순환의 형식이 끊어진 자리에서 비롯되는 비극적 사건은 시적 화자에게 참을 수 없는 분노와 비애의 심리를 동반케 하는 것이다. 다음과 같은 시는 침잠된 자로서 자신의 삶의 철학을 조용히 들려주고 있다.

> 미운 사람 없기, 지나치게 그리운 것도 없기, 너무 오래 서운해 하지 말기, 내 잣대로 타인을 재지 말기, 흑백논리로 선을 그어놓지 말기, 게으름 피지 말고 걷기, 사람에 대하여 넘치지 말기, 내 것이 아닌 걸 바라지 말기, 얼굴에 감정 색깔 올려놓지 말기, 미움의 가시랭이 뽑아서 부숴버리기, 그냥 예뻐하고 좋아해주고 사랑하기, 한없이 착하고 순해지기

> 바람과 햇볕이 좋은 날 자주 걸을 것
> 마른 꽃에 슬어 논 햇살의 냄새를 맡을 것
> 그립다고 혼자 돌아서 울지는 말 것
> 삽상한 바람 일렁일 때 누군가에게 풍경 하나 보내줄 것
> 잘 있다고 카톡 몇 줄 보낼 것

늦은 비에 홀로 젖지 말 것

적막의 깃을 세우고 오래 걸을 것

―「숨」전문

  이 시의 제목으로서 숨이란 삶을 뜻하는 것이기도 하다. 숨 쉬기 위해서 즉 살아가기 위해서의 행동 강령들이 오롯이 새겨진 이 시 역시도 자세히 들여다보면 사람과의 관계성에서 비롯된 이야기를 들려주고 있다. 밉다, 그립다, 서운하다, 넘치다. 바라다 등 이 시의 서술에 해당하는 많은 부분들은 대상에 대한 태도를 보여준다. 우리의 일상이란 타인과의 관계 속에서 기뻐하며 슬퍼하고 더러는 상처를 입기도 한다. 그러한 관계성에 매몰될 때 황폐해진 퍼소나를 만나게 되며 삶에 대한 회의를 동반하게 된다. 그러지 않기 위한 다짐이 바로 이 시에 나타난 삶의 강령이다. 이 세계는 어쩌면 스스로 위로하며 살아가야 하는 쓸쓸함의 장소라고 할 수 있다. 수많은 관계는 실상 그럴듯하게 보이지만 파편화되어 있고 또한 이기적이다. 스스로를 돌아보지 않는다면 내팽겨진 존재가 될 것이다. 특히 2연은 이이 선생의 자경문의 한 구절을 떠올리게 한다. "항상 경계하고 두려워하며 홀로 있을 때를 삼가는 생각을 가슴에 담고서 유념하여 게을리 함이 없다면 일체의 나쁜 생각들이 자연히 일어나지 않게 될 것이다. 모든 악함은 홀로 있을 때를 삼가지 않음에서 생겨난다"는 근독(謹獨)

의 이치가 시로 구현된 한 예가 될 것이다. 물론 공부로서의 근독과 정서적 고독은 분명한 차이가 있을 터이다. "그립다고 혼자 돌아서 울지는 말 것/삽상한 바람 일렁일 때 누군가에게 풍경 하나 보내줄 것"이라는 시구에서 대타적 관계성의 회복을 지향하는 시적 화자를 만나게 되는데 이것이야말로 시적 화자가 터득한 삶의 지혜라 할 수 있다. 마음의 행방을 다스리는 일이 숨 쉬는 일이고 그것이 살아가는 일이라는 혜안을 보여주는 대목이라 할 수 있겠다. 이 밑바탕에는 스스로 단련한 침잠의 세계가 있다. "생의 한가운데 소금꽃 피워보았는가"(「생의 한가운데 핀 꽃」)라는 물음은 시적 화자가 지나온 세계 혹은 통과할 세계에 대한 불굴의 의지가 되새겨져 있다.

 이 시집의 가장 특징적인 대상은 그, 그대, 당신, 너로 상징되는 초월적 존재이다. 이는 구체적 대상이라기보다 시적 화자와 동반하는 또 다른 나의 한 형식이며 동시에 시적 화자가 지향하는 세계의 정수(精髓)를 함유하는 개념이기도 하다. 가령 "온 세상이 다 웃고 흐드러져도 네가 나를 울지 않으면/우리는 흔적 없이 없는 것들이 되는 거야"(「안녕, 주르륵 랩소디」)라고 독백처럼 읊조릴 때 '너'는 '나'라는 존재자를 존재로 환원시키는 절대적 매개물이 된다. 또한 "네가 만일 오밤중에 음악을 권하고 피워 올릴 때/누군가 가만히 서랍을 열고/옛 사진들을 한 장씩 들여다보고 있다면/분명한 것은 아직 멀쩡하다는 거야"(「쓸쓸해서 하는 짓」)라는 시적 진술에서 너는 내면의 또 다른 나의 모습으로 형상화되고 있지만 「개망초」와 같은 시에서는 그리움의 대상으로 그려지기도 한다. 2인칭 혹은 3인칭으로 호명되는 너에 대한 변주는 이 시집을 끌고 가는 사유의 점액질이기도 하다.

>눈 깊어진 당신이
>귀 얇아진 당신이
>
>지난 시간의 흔적을 밟아온 휘파람 소리는
>은회색의 저녁, 긴 꼬리를 끌어당긴다
>사람꽃 져버린 자리,
>온기 없는 골목이 슬그머니 미끄러진다
>
>서쪽으로 밀린 구름들도 작당했는지
>묻끄러미, 서슬이 붉다
>
>나 없이도
>여전히 아름다운 세상이다
>
>─「골목」 전문

이 시는 골목이라는 공간을 당신에 대한 사유를 통해 의미 있는 장소로 회복시키고 있다. "휘파람 소리", "은회색의 저

녁, 긴 꼬리", "서쪽으로 밀린 구름" 등의 감각적 이미지들은 "사람꽃 져버린" 골목의 쓸쓸한 분위기를 생생하게 전해주고 있다. 시적 화자가 바라본 아름다운 세계는 적막한 세계로서의 인상에 가까운 풍경이다. 이러한 풍경에 대한 인상은 어떤 설명으로 이해시킬 수 있는 성질의 것이 아니다. 다만 여기에는 하나의 전제가 있다. "눈 깊어진 당신" 그리고 "귀 얇아진 당신"이라는 존재가 그 전제이다. 그렇다 하더라도 당신의 행위로서의 서술이 배제되어 있어 내용적으로 구체적 인과관계를 알 길은 없다. 그렇다면 당신은 내면화된 개념의 정서적 인격체에 가깝다고 할 것이다. 이 내면화된 개념의 정서적 인격체는 어느 순간에나 발현되어 시적 화자와 길항의 관계를 형성한다. 시적 화자와 당신의 길항 관계에서 시적 긴장은 유발되고 이면적이고 추상적인 사유는 그 층위를 두텁게 해가게 되는 것이다. "네가 거기 있어서/항상 있을 것이라고/늘 있다고 믿고, 믿는다"(「그 한때의 말」)는 바람에서도 너라고 하는 추상성은 여전하지만 대상을 압박해가는 데서 비롯한 간절한 염원은 시 전체의 정서를 더욱 짙게 만들어 간다. 시적 화자와 대상 간의 길항 작용의 바탕은 사랑이며 그 사랑의 행방을 찾아가는 동행이 당신이라는 것은 여러 시편에서 확인할 수 있다.

하루 종일 하늘이 무거웠다

먹구름이 잔뜩 물을 들이켰는지
한낮도 한밤중 같았다
바람이 세차게 불기 시작하고
창문을 마구 흔들어 덜그럭거렸다
문이란 문을 죄다 닫아걸었더니
틈을 찾는 바람의 울음이 휘잉 휘이잉
그 안에 내가 있는 것을 안다고
불온한 목소리로 흔들어댔다
들판에 배곯은 승냥이 울음 같은
사랑이 두려웠다
이름을 불러가며 빙빙 도는데
나는 여기 없는 척 숨을 죽이고
악착같은 네 사랑을 믿지 않았다
　　　—「슬픈 거짓말을 만난 적이 있다」 전문

　이번 시집의 표제시이기도 한 인용 작품은 너와 나의 관계를 보다 선명하게 보여준다. "먹구름"이나 "한밤중"은 내면의 풍경이며 그러한 어두운 풍경은 너와 나의 관계에서 비롯된 것이다. 세차게 부는 바람은 기실 사랑을 찾는 너의 몸부림이며 그에 대한 나의 응답은 "문이란 문은 죄다 닫아"걸어 너와의 단절을 도모하는 일이다. "승냥이 울음 같은/사랑"은 사랑의 대상인 나를 찾는 너의 날 세운 감각이라 할 것이다. "이름을 불러가며 빙빙" 도는 "악착같은 네 사랑을 믿지 않았다"는 고백은 시 제목처럼 슬픈 거짓말이다. 삼국유사에 실린 심화요탑의 지귀처럼 불이 되어 숨을 죽이고 있는 나의 주변을 빙빙 도는 너의 사랑은 불멸의 한 상징이다. 따라서 "악착같은 네 사랑을 믿지 않았다"는 시적 화자의 진술은 거짓말이 되는 것이며 진심과 다르다는 점에서 슬픈 거짓말이 되는 것이다. 이것은 어느 순간 역전되어 너를 찾아가는 나의 사랑이 악착같음을 의미하는 것이기도 하다. 그 이면에는 그와 나의 만남이 시간적으로 영속적이지 않다는, 하여 끝내 그리움의 대상으로 남을 수밖에 없다는 의미가 내포되어 있다. "그는 왔다가 금세 가버린다"거나 "그 봄빛 속에 오고 싶으면 왔다가 가버리는"(「마음 모종」) 존재이며 이는 시적 화자로 하여금 문을 걸어 닫는 행위의 원인을 제공하는 것이다. 결국 문을 닫는 행위는 사랑의 다른 이름이다. 당신, 그, 너의 구체적 표상을 시인은 새로 그리고 있다. 날아가는 자와 남는 자로 형상화된 이 세계에 남아 있는 것은 새의 노래뿐이다. 결국 이 시집은 보이지 않는 초월의 대상과 동행하며 그에게 보낸 장문의 편지이며, 어떤 종말 앞에서도 굽히지 않는 불멸의 사랑에 관한 이야기인 것이다. 그 새의 노래를 듣는 것으로 시집에 관한 이야기를 마친다.

　　끝내 대답하지 않는다 푸름으로 눈물을 버무려 촛농처

럼 떨어져 내리던 밤새 상념들도 해답이 없다 길을 내지 않는다 그것으로 다다 없는 하늘에서 이젠 의미 없이 울지 않는 새 거기 있다고 한들 누가 볼 수 있을까 굳어지고 굳어져 가는 태고의 화석으로나 남아 있을 짐작으로나 아는 역사가 길이 되어줄까 땀과 눈물로 범벅을 만들어 한 생을 열었다 하자

하늘 역이 있어 간이역처럼 정차했다 하자

몸을 벗은 허물은 무간으로 떨어지고 영혼은 어딘가로 길을 떠난다 하자 희희낙락하던 그 많은 날들이 태고의 이끼처럼 파랗게 남아 증거가 된다 하자 애비거나 에미거나 그 어느 조상의 허리에서부터 육신의 혈맥을 타고 나르던 새의 의미를 비상구에서 내려다본다 하자 여행자는 단지 떠나는 홀가분함으로 날아가고 남는 자는 무성한 눈물로 그의 길을 덮어놓을 뿐인 걸

홀홀 녹아내리던 몸은
거기 그렇게 남아
이끼가 되고 풀이 되고 나무가 되고 의미 없이 웃는 새가 날아와 노래를 하고

—「새의 의미」 전문

시인동네 시인선 178

슬픈 거짓말을 만난 적이 있다
ⓒ 진란

초판 1쇄 발행	2022년 6월 30일
초판 2쇄 발행	2022년 8월 5일
지은이	진란
펴낸이	김석봉
디자인	헤이존
펴낸곳	문학의전당
출판등록	제448-251002012000043호
주소	충북 단양군 적성면 도곡파랑로 178
전화	043-421-1977
전자우편	sbpoem@naver.com

ISBN 979-11-5896-485-6 03810

*이 책의 판권은 지은이와 문학의전당에 있습니다.
*양측의 서면 동의 없는 무단 전재 및 복제를 금합니다.
*잘못 만들어진 책은 바꿔드립니다.